BEI GRIN MACHT SICH IHR WISSEN BEZAHLT

- Wir veröffentlichen Ihre Hausarbeit, Bachelor- und Masterarbeit

- Ihr eigenes eBook und Buch - weltweit in allen wichtigen Shops

- Verdienen Sie an jedem Verkauf

Jetzt bei www.GRIN.com hochladen und kostenlos publizieren

Bibliografische Information der Deutschen Nationalbibliothek:

Die Deutsche Bibliothek verzeichnet diese Publikation in der Deutschen Nationalbibliografie; detaillierte bibliografische Daten sind im Internet über http://dnb.d-nb.de/ abrufbar.

Dieses Werk sowie alle darin enthaltenen einzelnen Beiträge und Abbildungen sind urheberrechtlich geschützt. Jede Verwertung, die nicht ausdrücklich vom Urheberrechtsschutz zugelassen ist, bedarf der vorherigen Zustimmung des Verlages. Das gilt insbesondere für Vervielfältigungen, Bearbeitungen, Übersetzungen, Mikroverfilmungen, Auswertungen durch Datenbanken und für die Einspeicherung und Verarbeitung in elektronische Systeme. Alle Rechte, auch die des auszugsweisen Nachdrucks, der fotomechanischen Wiedergabe (einschließlich Mikrokopie) sowie der Auswertung durch Datenbanken oder ähnliche Einrichtungen, vorbehalten.

Impressum:

Copyright © 2015 GRIN Verlag, Open Publishing GmbH
Druck und Bindung: Books on Demand GmbH, Norderstedt Germany
ISBN: 9783668499942

Dieses Buch bei GRIN:

http://www.grin.com/de/e-book/371982/eine-untersuchung-des-semantischen-hintergrundes-der-stationsnamen-des

Elina Loginova

Eine Untersuchung des semantischen Hintergrundes der Stationsnamen des Moskauer U-Bahnnetzes unter Berücksichtigung ihrer Herkunft

GRIN Verlag

GRIN - Your knowledge has value

Der GRIN Verlag publiziert seit 1998 wissenschaftliche Arbeiten von Studenten, Hochschullehrern und anderen Akademikern als eBook und gedrucktes Buch. Die Verlagswebsite www.grin.com ist die ideale Plattform zur Veröffentlichung von Hausarbeiten, Abschlussarbeiten, wissenschaftlichen Aufsätzen, Dissertationen und Fachbüchern.

Besuchen Sie uns im Internet:

http://www.grin.com/

http://www.facebook.com/grincom

http://www.twitter.com/grin_com

Humboldt Universität zu Berlin
Philosophische Fakultät II
Institut für Slawistik
Wintersemester 2014/15

Studentin: Elina Loginova

Eine Untersuchung des semantischen Hintergrundes der Stationsnamen des Moskauer U-Bahnnetzes unter Berücksichtigung ihrer Herkunft

Inhaltsverzeichnis

Einführung..S.2

1. Beschreibung des Objekts der Arbeit..S.4

2. Eine Untersuchung der Namensfelder des Moskauer U-Bahnnetzes und ihre Ergebnisse... S.6

Fazit..S.7

Bibliographie

Einführung

Die Moskauer U-bahn gehört nicht zu den größten U-Bahnnetzen der Welt. Aber sie hat eine spannende Entwicklungsgeschichte. In meiner Arbeit wird mich in ersten Linie die Geschichte der Stationsnamen beschäftigen. Warum gerade die Stationsname könnte man sich fragen. Die Stationsnamen der U-Bahn spiegeln den Geschichtsverlauf der Sowjetunion wieder, da deren Geschichte sich meistens in ihrer Hauptstadt Moskau abspielte. Daran, wie die die Stationen benannt und im Nachhinein umbenannt worden sind, kann man die historischen Wendepunkte der sowjetischen Geschichte nachvollziehen. Begonnen hat der U-Bahnbau noch vor dem Krieg im Jahre 1931. Mit diesem Bau verfolgte die sowjetische Regierung mehrere Ziele. Das allerwichtigste Ziel war die generelle Industrialisierung der Hauptstadt. An zweiter Stelle stand die repräsentative Funktion der U-Bahn. So wurden bereits die ersten Stationen sehr aufwendig und prachtvoll erbaut. Man kann es natürlich kritisieren, dass so viel Geld dafür verbraucht worden ist. Das hätte man beispielsweise schließlich auch in die soziale Struktur des Landes investieren können. Aber andererseits war die Sowjetunion noch ein ganz junges Staatsgebilde, das sich in der Welt dringend durchsetzen wollte und auch musste. So kam zu die aufwendige Innenausstattung der Stationshallen zustande. Der erste Direktor der Moskauer Metro, Koganovic nannte die Moskauer U-Bahn zurecht einen „Palast für das Volk". Viele Stationen sind sehr prächtig und mit sehr teuren Materialien ausgestattet worden. Einige Wissenschaftler untersuchen und beschäftigen sich auch heute noch mit der inneren Dekoration der Stationen. In meiner Arbeit aber kommt es, wie bereits erwähnt, auf die Namen der Stationen und ihre semantische Herkunft an.

Der Kern dieser Arbeit liegt in der Untersuchung der Stationsnamen nach ihren semantischen Namensfeldern. Namensfelder sind "am ehesten zusammenhängende Sinngruppen vergleichbarer oder räumlich fassbarer Namen. [2, S. 1764] "

Sprachwissenschaftler Friedhelm Debus und Heinz-Günter Schmitz unterscheiden wissenschaftliche Vorgehensweisen in der Namensforschung wie folgt [1, S. 345]:

1. „als Geschichte und Etymologie eines Einzelnamens oder eines häufig

wiederkehrenden gleichen Namens"

2. „ als geschichtliche Darstellung der Namen eines einzelnen Ortes (Gemeinde, Dorf, Stadt,.<..> Orts- und Flurnamen bzw. in Städten Straßen- oder Quartiernamen)"

3. „als geschichtliche Darstellung der Namen einer Raumeinheit (Kreis, Bezirk, Kanton, Land)"

4. „als geschichtliche Darstellung von Namen oder Personengemeinschaften, (wie Kloster, Stift, Orden u.ä.)"

5. „als Namensauswertung einer bestimmten historischen Quelle oder Quellengruppe (wie Urkunde, Urbare, Verbrüderungsbücher, Stadtbücher und andere Namensverzeichnisse, Zehntenpläne u.ä.)"

6. „als Geschichte und Typologie von Namen in einzelnen historischen Sprachstufen (wie vordt., germ., ahd., asächs., mhd., mnd., ält. und jung. nhd..oder Frühmittelalter, Spätmittelalter, Humanismus, Pietismus u.ä.)"

7. „als Geschichte der Entstehung und Ausbreitung von Namenstypen (wie Beinamen, Familiennamen oder Onymen mit bestimmten Leitgrundwörtern bzw. Leitsuffixen) oder geschichtliche Besonderheiten der Namenbildung und Namengrammatik (wie z. B. Genitivische Onyme, eleptische Onyme , <....> u.ä.)"

8. „übergreifend-vergleichende Forschungen zu Namenstypen "

9. „als namenskundliche Beiträge zu Einzelfragen der Sprachgeschichte oder zu Problemen der verschiedenen historischen Sprachstufen"

10. „als namenskundliche Beiträge zu historischen Sprachkontaktfragen und zur Sprachgrenzbildung"

11. „als namenskundliche Beiträge zu verschiedenen anderen historischen Disziplinen, d.h. namensgeschichtlich-interdisziplinär (wie zum Beispiel Siedlungsgeschichte u.ä.)"

12. „als personennamensgeschichtliche Darstellung zur Herkunft von Siedlern"

13. „als Betrag zur literarischen Namensgebung im Zusammenhang mit der Literaturgeschichte"

14. „als namenskundliche Quellenlehre und Quellenkritik"

15. „als namenskundliche Forschungsgeschichte"

16. „als Beitrag zur Namensbedeutsamkeit und zum bewußtseinsgeschichtlichen Namensverständnis in älterer Zeit."

So umfassend ist das Spektrum einer möglichen Namensforschung. Es stellt sich die Frage, welche Namensforschungsrichtung am besten zu einer Untersuchung über die Namensfelder der Moskauer U-Bahn passen würde. Eine U-Bahn ist eine unterirdische Raumeinheit, die man auch als eine Art von unterirdischer Stadt bezeichnen könnte. Dies spricht dafür, dass als Untersuchungsgrundlage der Forschungsansatz gemäß Nummer 3 (siehe oben „als geschichtliche Darstellung der Namen einer Raumeinheit (Kreis, Bezirk, Kanton, Land)") nahe liegt. Was in der Arbeit anders als in dem genannten Forschungsansatz sein wird, ist nicht der vorgeschlagene historische, sondern der linguistische Blickwinkel. Und zwar werde ich mich im Bereich der Semantik bewegen und die Wortfelder nach dem Herkunftskriterium bilden.

Insofern liegt das Ziel dieser Arbeit im Herausfinden und der Zusammensetzung von Wortfeldern, unter denen sich die Stationsnamen der Moskauer U-Bahn unter dem Namensherkunftskriterium herausgebildet haben.

Das Objekt der Arbeit ist die **Moskauer U-Bahn**, während ihr Gegenstand deren **Stationsnamen** sind.

Die Untersuchungsmethode ist die analytisch-vergleichende Literatur- und Internetrecherche.

1. Beschreibung des Objekts der Arbeit.

Die Moskauer U-Bahn hat heutzutage 196 Stationen auf 12 Liniennetzen. Die erste U-Bahnlinie „Kirovsko-Frunzenskaja" (rus.: *Кировско-Фрунзенская*) wurde im Jahre 1935 fertiggestellt. Nach 1990 ist sie in die „Sokolniceskaja"(rus.: *Сокольническая*) umbenannt worden. Die Linie besteht aus 20 Stationen, die ich in der vorliegenden Arbeit noch viel ausführlicher behandeln werde.. Die letzte Station an dieser U-Bahnlinie wurde in Jahre 2014 eröffnet.

Die zweite U-Bahnlinie war „Gorkovsko-Zamoskvoreckaja" (rus.: *Горьковско-Замоскворецкая*). Heute heißt die Linie vereinfacht „Samoskvoreckaja" und umfasst 21 Stationen. Ihre letzte Station wurde im Jahre 2012 fertiggestellt.

Die dritte Moskauer U-Bahnlinie heißt „Arbatsko-Pokrovskaja" (rus.: *Арбатско-Покровская*). Diese Linie umfasst 22 Stationen. Genauso wie bei der vorherigen U-Bahnlinie wurde auch bei dieser im Jahre 2012 die letzte Station fertiggestellt.

Die vierte U-Bahnlinie heißt „Arbatsko-Filevskaja" (rus.: *Арбатско-Филевская*), die heute einfach „Filevskaja" genannt wird. Die Linie umfasst nur 13 Stationen und wurde 2006 fertiggestellt.

Die fünfte U-Bahnlinie Moskaus heißt „Kolcevaja" (rus.: *Кольцевая*). Sie befindet sich im historischen und geografischen Zentrum der Hauptstadt und bildet um das Zentrum herum einen „Ring" (rus.: *„Kolco"*). Sie umfasst 12 Stationen und wurde bereits 1954 eröffnet.

Die sechste U-Bahnlinie des Moskauer U-Bahnnetzes heißt „Kaluzsko-Rizskaja" (rus.: *Калужско-Рижская)* Die Linie hat 24 Stationen und ihre letzte Station wurde 1990 fertiggestellt.

Die siebte U-Bahnlinie der Moskauer U-Bahn hieß Zdanovsko-Krasnopresnenskaja (rus.: *Ждановско-Краснопресненская)*. Heute heißt diese Linie „Tagansko-Krasnopresnenskaja" (rus.: *Таганско-Краснопресненская)*. Sie umfasst zur Zeit 22 Stationen und ihr letzter Haltepunkt wurde erst 2014 eröffnet.

Die achte U-Bahnlinie heißt „Kalininsko-Solncevskaja" (rus.: *Калининско-Солнцевская*). Sie umfasst 8 Stationen und ihre letzte wurde 2012 eröffnet.

Die neunte U-Bahnlinie hieß bis 1991 „Serpuchovskaja" (rus.: *Сепруховская)*. Heute heißt die Linie „Serpuchovsko-Timirjazevskaja" *(rus.: Серпуховско-Тимирязевская)*. Sie umfasst 25 Stationen und ihre letzte wurde 2002 eröffnet.

Die zehnte U-Bahnlinie hieß bis 2007 „Lublinskaja"(rus.: *Люблинская)* . Nach dem Umbau und einer Verlängerung heißt sie heute „Lublinsko-Dmitrovskaja" (rus.: *Люблинско-Дмитровская)*. Die Linie hat 17 Stationen und ihre letzte wurde im Jahre 2011 eröffnet.

Die elfte U-Bahnlinie heißt „Kachovskaja"(rus.: *Каховская)*. Sie ist die kürzeste Linie und umfasst nur 3 Stationen. Diese Linie wurde im Jahre 1969 vollendet.

Die zwölfte und letzte Linie heißt „Butovskaja" (rus.: *Бутовская)*. Diese wurde 2014 fertiggestellt und umfasst 7 Stationen.

Nach der obigen kurzen Beschreibung der Linien des Moskauer U-Bahnnetzes ist zu sehen, dass dieses sich ständig verändert und immer größer und umfassender wird. Zudem ist ein weiterer Netzausbau bereits geplant und es wird daran auch schon gebaut. Der Ausbau des U-Bahnnetzes wurde in den letzten zehn Jahren ununterbrochen fortgeführt. Der wichtigste Grund dafür ist die Minimierung der Staus auf den Straßen, weil Moskau bekanntlich in der Welt zu den Städten mit den größten Verkehrsproblemen gehört, die das alltägliche Leben seiner Einwohner zeitlich und ökologisch erheblich belastet.

2. Eine Untersuchung der Namensfelder des Moskauer U-Bahnnetzes und ihre Ergebnisse.

Linie für Linie habe ich jede Station der Moskauer U-Bahn behandelt. Hierbei bin ich nach der oben beschriebenen Reihenfolge der U-Bahnlinien vorgegangen. Nach einer intensiven Untersuchung der 196 Stationsnamen des Moskauer U-Bahnnetzes kam ich zu folgenden Ergebnissen:

Die meisten U-Bahnstationen tragen die Namen der entsprechender Straßen (69), am zweiten Platz steht die Namensherkunft nach Ortschaften und Moskauer Bezirken (58). Auf dem dritten Platz liegt die Namensherkunft nach Institutionen (17), den vierten Platz nimmt die Namensherkunft nach historischen Akteuren (15) ein, der fünfte Platz gehört der Rubrik „Ideologie" (8), auf dem sechsten Platz folgt die Rubrik „historische Ereignisse" und den 7. Platz belegen die Rubriken „Himmelsrichtungen" (2) und „Sonstiges" (2).

Insgesamt haben sich 8 Rubriken bilden lassen, die ich wie folgt benannt habe:

1. Namensherkunft nach Straßennamen
2. Namensherkunft nach Ortschaften und Bezirken
3. Namensherkunft nach historischen Akteuren
4. Namensherkunft nach Institutionen
5. Ideologische Namensherkunft
6. Namensherkunft nach historischen Ereignissen
7. Namensherkunft nach Himmelsrichtungen
8. Sonstiges

Die genannten sieben semantischen Gruppen lassen sich bereits als Wortfelder bezeichnen. Nach kann ein Wortfeld mit Hilfe von unterschiedlichen Kriterien gebildet werden. Als Grundlage dafür könnten zum Beispiel die grammatische Struktur der Worteinheiten, ihr morphologischer Aufbau oder ihre semantischen Gemeinsamkeiten dienen. In meinem Falle sind es die Gemeinsamkeiten der Stationsnamen nach ihrer Namensherkunft, die sich in semantische Felder aufteilen lassen.

Fazit

Als Fazit möchte ich jene von mir ausgearbeiteten Wortfelder präsentieren, die gleichzeitig die Ergebnisse der durchgeführten Untersuchung darstellen. Diese Arbeit wurde mit Hilfe von mehreren Enzyklopädien und Lexika vollzogen. Zunächst habe ich mir eine Tabelle mit allen Stationen und deren entsprechenden Herkunftsmerkmalen erstellt, die ich dann im weiteren Verlauf als Grundlage für die unten folgende vereinfachte Aufzählungsform genutzt habe. Auf diese tabellarische Form habe ich aus Darstellungs- und platz-ökonomischen Gründen verzichtet und die folgenden semantischen Felder erarbeitet:

Namensherkunft nach **historischen Akteuren:**

Бульвар рокоссовского, Библиотека имени Ленина, Маяковская, Бауманская, Кутузовская,

Багратионовская, Добрынинская, Бабушкинская, Тургеневская, Пушкинская, Полежаевская, Менделеевская, Чеховская, Достоевская, Чкаловская.

Insgesammt: 15

Namensherkunnft **Ortschaften und Bezirken:**

Черкизовская, Сокольники, Воробьевы Горы, Тропарево, Алма-Атинская, Домодедовская, Орехово, Царицыно, Коломенская, Сокол, Митино, Мякинино, Строгино, Крылатское, Киевская, Смоленская, Курская, Фили, Новослободская, Медведково, Свиблово, Алексеевская, Рижская, Новые Черемушки, Калужская, Беляево, Коньково, Теплый Стан, Ясенево, Жулебино, Выхино, Кузьминки, Текстильщики, Щукинская, Тушинская, Новокосино, Новогиреево, Перово, Алтуфьево, Бибирево, Отрадное, Владыкино, Петровско-Разумовская, Дмитровская, Тульская, Севастопольская, Чертановская, Пражская, Аннино, Римская, Дубровка, Кожуховская, Печатники, Люблино, Братиславская, Марьино, Борисово, Зябликово.

Indgesammt: 58

Namensherkunft nach **Staßennamen:**

Преображенская Площадь, Красносельская, Красные ворота, Чистые пруды, Лубянка, Охотный ряд, Кропоткинская, Парк культуры, Проспект Вернадского, Кантемировская, Каширская, Новокузнецкая, Театральная, Тверская, Пятницкое шоссе, Волоколамская, Молодежная, Кунцевская,

Славянский бульвар, Арбатская, Семёновская, Измайловская, Щелковская, Александровский Сад, Студенческая, Филевский Парк, Проспект Мира, Таганская, Парк Культуры, Краснопресненская, Ботанический Сад, Сухаревская, Шаболовская, Ленинский Проспект, Профсоюзная, Новоясеневская, Лермонтовский Проспект, Рязанский Проспект, Волгоградский Проспект, Кузнецкий мост, Баррикадная, Беговая, Октяборьское Поле, Сходническая, Планерская, Шоссе Энтузиастов, Тимирязевская, Цветной Бульвар, Боровицкая, Полянка, Серпуховская, Негатинская, Нагорнная, Бульвар Дмитрия Донского, Марьина Роща, Трубная, Сретенский Бульвар, Крестьянская Застава, Волжская, Шипиловская, Варшавская, Лесопарковая, Улица Старокачаловская, Улица Скобелевская, Бульвар Адмирала Ушакова, Улица Горчакова, Бунинская Аллея, Нахимовский проспект, Улица Академика Янгеля, Площадь Ильича.

Insgesamt: 69

Namensherkunft nach **historischen Ereignissen:**

Парк Победы, Площадь Революции, Партизанская, Китай-Город, Улица 1905 года.

Insgesamt: 5

Ideologische Namensherkunft:

Комсомольская, Спортивная, Красногвардейская, Первомайская, Пионерская, Октябрьская, Пролетарская, Марксистская.

Insgesamt: 8

Namensherkunft nach **Institutionen:**

Авиамоторная, Автозаводская, Университет, Павелецкая, Белорусская, Динамо, Аэропорт, Войковская, Водный Стадион, Речной Вокзал, Электрозаводская, Выставочная, ВДНХ, Третьяковская, Спартак, Деловой Центр, Савеловская.

Insgesamt: 17

Namensherkunft nach **Himmelsrichtungen:** *Юго-Западная, Южная.*

Insgesamt: 2

Sonstiges (lässt sich nicht herausfinden): *Международная, Академическая.*

Insgesamt: 2

Im allgemeinen: 174 Namen

Wie man sehen kann, ist die Gesamtzahl der Stationsnamen geringer als die

Gesamtzahl aller Stationen. Dieses erklärt sich dadurch, dass einige Stationennamen unterschiedlicher Linien übereinstimmen.

Mit diesem Ergebnis ist das Ziel meiner Untersuchung erreicht.

Während der Arbeit habe ich viel über die Moskauer U-Bahn und ihre Toponymie gelernt. Diese Arbeit lässt sich außerdem noch erweitern, indem man die Namensänderungen von der historischer Hinsicht her untersucht oder die Namen nach Besonderheiten ihren Morphemenaufbau analysiert u.ä. Dies wäre eventuell eine Grundlage für umfassendere Arbeiten.

Bibliographie

1. Debus, Friedhelm, Schmitz, Heinz-Günter. Überblick über Geschichte und Typen der deutschen Orts- und Landschaftsnahmen in: Sprachgeschichte. Ein Handbuch zur Geschichte der deutschen Sprache und ihrer Erforschung. Hg.v. Werner Besch, Anne Betten, Oskar Reichmann. Berlin 2004.

2. Debus, Friedhelm in; Lexikon der Germanistischen Linguistik. Hg.v. Hans-Peter Althaus, Helmut Henne, Herbert Ernst Wiegand. Berlin 2000

3. Zverev , V. L. Metro Moskovskoje. Moskva 2008

Internetquellen:

http://metro.mwmoskva.ru/stancii-spisok.html (Letzter Zugriff am 29.03.2015)
http://www.metro.ru (Letzter Zugriff am 31.03.2015)
http://wiki.nashtransport.ru (Letzter Zugriff am 31.03.2015)
http://ensiklopedia.ru/wiki (Letzter Zugriff am 27.03.2015)
http://allencyclopedia.ru/46908 (Letzter Zugriff am 21.03.2015)

BEI GRIN MACHT SICH IHR WISSEN BEZAHLT

- Wir veröffentlichen Ihre Hausarbeit, Bachelor- und Masterarbeit

- Ihr eigenes eBook und Buch - weltweit in allen wichtigen Shops

- Verdienen Sie an jedem Verkauf

Jetzt bei www.GRIN.com hochladen und kostenlos publizieren